人力资源市场暂行条例

中国法制出版社

人力资源市场暂行条例
RENLI ZIYUAN SHICHANG ZANXING TIAOLI

经销/新华书店
印刷/北京海纳百川印刷有限公司
开本/850 毫米×1168 毫米　32 开　　印张/0.75　字数/9.5 千
版次/2018 年 7 月第 1 版　　2018 年 7 月第 1 次印刷

中国法制出版社出版
书号 ISBN 978－7－5093－9434－2　　定价：4.00 元

北京西单横二条 2 号　　值班电话：010－66026508
邮政编码 100031　　传真：010－66031119
网址：http：//www.zgfzs.com　　**编辑部电话：010－66066621**
市场营销部电话：010－66033393　　**邮购部电话：010－66033288**

（如有印装质量问题，请与本社印务部联系调换。电话：010－66032926）

目　录

中华人民共和国国务院令

第 700 号

《人力资源市场暂行条例》已经 2018 年 5 月 2 日国务院第 7 次常务会议通过，现予公布，自 2018 年 10 月 1 日起施行。

总　理　李克强

2018 年 6 月 29 日

人力资源市场暂行条例

第一章　总　　则

第一条　为了规范人力资源市场活动，促进人力资源合理流动和优化配置，促进就业创业，根据《中华人民共和国就业促进法》和有关法律，制定本条例。

第二条　在中华人民共和国境内通过人力资源市场求职、招聘和开展人力资源服务，适用本条例。

法律、行政法规和国务院规定对求职、招聘和开展人力资源服务另有规定的，从其规定。

第三条　通过人力资源市场求职、招聘和开展人力资源服务，应当遵循合法、公平、诚实信用的原则。

第四条　国务院人力资源社会保障行政部门负责全国人力资源市场的统筹规划和综合管理工作。

县级以上地方人民政府人力资源社会保障行政部门负责本行政区域人力资源市场的管理工作。

县级以上人民政府发展改革、教育、公安、财政、商务、税务、市场监督管理等有关部门在各自职责范围内做好人力资源市场的管理工作。

第五条 国家加强人力资源服务标准化建设，发挥人力资源服务标准在行业引导、服务规范、市场监管等方面的作用。

第六条 人力资源服务行业协会应当依照法律、法规、规章及其章程的规定，制定行业自律规范，推进行业诚信建设，提高服务质量，对会员的人力资源服务活动进行指导、监督，依法维护会员合法权益，反映会员诉求，促进行业公平竞争。

第二章 人力资源市场培育

第七条 国家建立统一开放、竞争有序的人力资源市场体系，发挥市场在人力资源配置中的决定性作用，健全人力资源开发机制，激发人力资源创新创造创业活力，促进人力资源市场繁荣发展。

第八条 国家建立政府宏观调控、市场公平竞争、单位自主用人、个人自主择业、人力资源服务机构诚信服务的人力资源流动配置机制，促进人力资源自由有序流动。

第九条 县级以上人民政府应当将人力资源市场建设纳入国民经济和社会发展规划，运用区域、产业、土地等政策，推进人力资源市场建设，发展专业性、行业性人力资源市场，鼓励并规范高端人力资源服务等业态发展，提高人力资源服务业发展水平。

国家鼓励社会力量参与人力资源市场建设。

第十条 县级以上人民政府建立覆盖城乡和各行业的人力资源市场供求信息系统，完善市场信息发布制度，为求职、招聘提供服务。

第十一条 国家引导和促进人力资源在机关、企业、事业单位、社会组织之间以及不同地区之间合理流动。任何地方和单位不得违反国家规定在户籍、地域、身份等方面设置限制人力资源流动的条件。

第十二条 人力资源社会保障行政部门应当加强人力资源市场监管，维护市场秩序，保障公平竞争。

第十三条 国家鼓励开展平等、互利的人力资源国际合作与交流，充分开发利用国际国内人力资源。

第三章 人力资源服务机构

第十四条 本条例所称人力资源服务机构，包括公共人力资源服务机构和经营性人力资源服务机构。

公共人力资源服务机构，是指县级以上人民政府设立的公共就业和人才服务机构。

经营性人力资源服务机构，是指依法设立的从事人力资源服务经营活动的机构。

第十五条 公共人力资源服务机构提供下列服务，不得收费：

（一）人力资源供求、市场工资指导价位、职业培训等信息发布；

（二）职业介绍、职业指导和创业开业指导；

（三）就业创业和人才政策法规咨询；

（四）对就业困难人员实施就业援助；

（五）办理就业登记、失业登记等事务；

（六）办理高等学校、中等职业学校、技工学校毕业生接收手续；

（七）流动人员人事档案管理；

（八）县级以上人民政府确定的其他服务。

第十六条 公共人力资源服务机构应当加强信息化建设，不断提高服务质量和效率。

公共人力资源服务经费纳入政府预算。人力资源社会保障行政部门应当依法加强公共人力资源服务经费管理。

第十七条 国家通过政府购买服务等方式支持经营性人力资源服务机构提供公益性人力资源服务。

第十八条 经营性人力资源服务机构从事职业中介活动的，应当依法向人力资源社会保障行政部门申请行政许可，取得人力资源服务许可证。

经营性人力资源服务机构开展人力资源供求信息的收集和发布、就业和创业指导、人力资源管理咨询、人力资源测评、人力资源培训、承接人力资源服务外包等人力资源服务业务的，应当自开展业务之日起15

日内向人力资源社会保障行政部门备案。

经营性人力资源服务机构从事劳务派遣业务的，执行国家有关劳务派遣的规定。

第十九条 人力资源社会保障行政部门应当自收到经营性人力资源服务机构从事职业中介活动的申请之日起20日内依法作出行政许可决定。符合条件的，颁发人力资源服务许可证；不符合条件的，作出不予批准的书面决定并说明理由。

第二十条 经营性人力资源服务机构设立分支机构的，应当自工商登记办理完毕之日起15日内，书面报告分支机构所在地人力资源社会保障行政部门。

第二十一条 经营性人力资源服务机构变更名称、住所、法定代表人或者终止经营活动的，应当自工商变更登记或者注销登记办理完毕之日起15日内，书面报告人力资源社会保障行政部门。

第二十二条 人力资源社会保障行政部门应当及时向社会公布取得行政许可或者经过备案的经营性人力资源服务机构名单及其变更、延续等情况。

第四章 人力资源市场活动规范

第二十三条 个人求职，应当如实提供本人基本信息以及与应聘岗位相关的知识、技能、工作经历等情况。

第二十四条 用人单位发布或者向人力资源服务机构提供的单位基本情况、招聘人数、招聘条件、工作内容、工作地点、基本劳动报酬等招聘信息，应当真实、合法，不得含有民族、种族、性别、宗教信仰等方面的歧视性内容。

用人单位自主招用人员，需要建立劳动关系的，应当依法与劳动者订立劳动合同，并按照国家有关规定办理社会保险等相关手续。

第二十五条 人力资源流动，应当遵守法律、法规对服务期、从业限制、保密等方面的规定。

第二十六条 人力资源服务机构接受用人单位委托招聘人员，应当要求用人单位提供招聘简章、营业执照或者有关部门批准设立的文件、经办人的身份证件、用人单位的委托证明，并对所提供材料的真实性、合法性进行审查。

第二十七条 人力资源服务机构接受用人单位委托招聘人员或者开展其他人力资源服务，不得采取欺诈、暴力、胁迫或者其他不正当手段，不得以招聘为名牟取不正当利益，不得介绍单位或者个人从事违法活动。

第二十八条 人力资源服务机构举办现场招聘会，应当制定组织实施办法、应急预案和安全保卫工作方案，核实参加招聘会的招聘单位及其招聘简章的真实性、合法性，提前将招聘会信息向社会公布，并对招聘中的各项活动进行管理。

举办大型现场招聘会，应当符合《大型群众性活动安全管理条例》等法律法规的规定。

第二十九条 人力资源服务机构发布人力资源供求信息，应当建立健全信息发布审查和投诉处理机制，确保发布的信息真实、合法、有效。

人力资源服务机构在业务活动中收集用人单位和个人信息的，不得泄露或者违法使用所知悉的商业秘密和个人信息。

第三十条 经营性人力资源服务机构接受用人单位委托提供人力资源服务外包的，不得改变用人单位与个人的劳动关系，不得与用人单位串通侵害个人的合法权益。

第三十一条 人力资源服务机构通过互联网提供人力资源服务的，应当遵守本条例和国家有关网络安全、互联网信息服务管理的规定。

第三十二条 经营性人力资源服务机构应当在服务场所明示下列事项，并接受人力资源社会保障行政部门和市场监督管理、价格等主管部门的监督检查：

（一）营业执照；

（二）服务项目；

（三）收费标准；

（四）监督机关和监督电话。

从事职业中介活动的，还应当在服务场所明示人力资源服务许可证。

第三十三条 人力资源服务机构应当加强内部制度建设，健全财务管理制度，建立服务台账，如实记录服务对象、服务过程、服务结果等信息。服务台账应当保存2年以上。

第五章 监督管理

第三十四条 人力资源社会保障行政部门对经营性人力资源服务机构实施监督检查，可以采取下列措施：

（一）进入被检查单位进行检查；

（二）询问有关人员，查阅服务台账等服务信息档案；

（三）要求被检查单位提供与检查事项相关的文件资料，并作出解释和说明；

（四）采取记录、录音、录像、照相或者复制等方式收集有关情况和资料；

（五）法律、法规规定的其他措施。

人力资源社会保障行政部门实施监督检查时，监督检查人员不得少于2人，应当出示执法证件，并对被检查单位的商业秘密予以保密。

对人力资源社会保障行政部门依法进行的监督检查，被检查单位应当配合，如实提供相关资料和信息，不得隐瞒、拒绝、阻碍。

第三十五条 人力资源社会保障行政部门采取随机抽取检查对象、随机选派执法人员的方式实施监督检查。

监督检查的情况应当及时向社会公布。其中，行政处罚、监督检查结果可以通过国家企业信用信息公示系统或者其他系统向社会公示。

第三十六条 经营性人力资源服务机构应当在规定期限内，向人力资源社会保障行政部门提交经营情况年度报告。人力资源社会保障行政部门可以依法公示或者引导经营性人力资源服务机构依法公示年度报告的有关内容。

人力资源社会保障行政部门应当加强与市场监督管理等部门的信息共享。通过信息共享可以获取的信息，不得要求经营性人力资源服务机构重复提供。

第三十七条 人力资源社会保障行政部门应当加强人力资源市场诚信建设，把用人单位、个人和经营性人力资源服务机构的信用数据和失信情况等纳入市场诚信建设体系，建立守信激励和失信惩戒机制，实施信用分类监管。

第三十八条 人力资源社会保障行政部门应当按

照国家有关规定，对公共人力资源服务机构进行监督管理。

第三十九条 在人力资源服务机构中，根据中国共产党章程及有关规定，建立党的组织并开展活动，加强对流动党员的教育监督和管理服务。人力资源服务机构应当为中国共产党组织的活动提供必要条件。

第四十条 人力资源社会保障行政部门应当畅通对用人单位和人力资源服务机构的举报投诉渠道，依法及时处理有关举报投诉。

第四十一条 公安机关应当依法查处人力资源市场的违法犯罪行为，人力资源社会保障行政部门予以配合。

第六章 法律责任

第四十二条 违反本条例第十八条第一款规定，未经许可擅自从事职业中介活动的，由人力资源社会保障行政部门予以关闭或者责令停止从事职业中介活动；有违法所得的，没收违法所得，并处1万元以上5万元以下的罚款。

违反本条例第十八条第二款规定，开展人力资源服务业务未备案，违反本条例第二十条、第二十一条规定，设立分支机构、办理变更或者注销登记未书面报告的，由人力资源社会保障行政部门责令改正；拒不改正的，处5000元以上1万元以下的罚款。

第四十三条 违反本条例第二十四条、第二十七条、第二十八条、第二十九条、第三十条、第三十一条规定，发布的招聘信息不真实、不合法，未依法开展人力资源服务业务的，由人力资源社会保障行政部门责令改正；有违法所得的，没收违法所得；拒不改正的，处1万元以上5万元以下的罚款；情节严重的，吊销人力资源服务许可证；给个人造成损害的，依法承担民事责任。违反其他法律、行政法规的，由有关主管部门依法给予处罚。

第四十四条 未按照本条例第三十二条规定明示有关事项，未按照本条例第三十三条规定建立健全内部制度或者保存服务台账，未按照本条例第三十六条规定提交经营情况年度报告的，由人力资源社会保障行政部门责令改正；拒不改正的，处5000元以上1万元以下的罚款。违反其他法律、行政法规的，由有关主管部门依法给予处罚。

第四十五条 公共人力资源服务机构违反本条例规定的，由上级主管机关责令改正；拒不改正的，对直接负责的主管人员和其他直接责任人员依法给予处分。

第四十六条 人力资源社会保障行政部门和有关主管部门及其工作人员有下列情形之一的，对直接负责的领导人员和其他直接责任人员依法给予处分：

（一）不依法作出行政许可决定；

（二）在办理行政许可或者备案、实施监督检查中，索取或者收受他人财物，或者谋取其他利益；

（三）不依法履行监督职责或者监督不力，造成严重后果；

（四）其他滥用职权、玩忽职守、徇私舞弊的情形。

第四十七条 违反本条例规定，构成违反治安管理行为的，依法给予治安管理处罚；构成犯罪的，依法追究刑事责任。

第七章 附 则

第四十八条 本条例自2018年10月1日起施行。

司法部、人力资源社会保障部负责人就《人力资源市场暂行条例》答记者问

2018年6月29日，国务院总理李克强签署国务院令，公布《人力资源市场暂行条例》（以下简称《条例》），《条例》自2018年10月1日起施行。日前，司法部、人力资源社会保障部负责人就《条例》的有关问题回答了记者的提问。

一、《条例》的出台背景和起草过程。

答：人力资源是经济社会发展的第一资源，人力资源市场是生产要素市场的重要组成部分。党中央、国务院高度重视人力资源市场建设。习近平总书记在党的十九大报告中指出，就业是最大的民生，要坚持就业优先战略和积极就业政策，实现更高质量和更充分就业；提供全方位公共就业服务，破除妨碍劳动力、人才社会性流动的体制机制弊端；加快建设人才强国，让各类人才的创造活力竞相迸发、聪明才智充分涌流。李克强总理强调，我国拥有世界上规模最大的人力人

才资源，这是创新发展的最大“富矿”，要强化人力资源市场监管，推动人力资源自由有序流动，用市场的力量创造更多就业机会，推动经济持续健康发展。

改革开放40年来，我国人力资源市场蓬勃发展，人力资源服务领域不断拓宽，对创业就业和人力资源流动发挥了重大作用。原人事部、劳动保障部分别管理的人才市场、劳动力市场已整合为统一的人力资源市场，公共人力资源服务机构和经营性人力资源服务机构共同发力，成为推动就业的重要渠道。目前，全国共有人力资源服务机构3.02万家，从业人员58.37万人。2017年全年营业总收入1.44万亿元，帮助2.03亿人次实现就业和流动。人力资源市场在迅速发展的同时，也暴露出一些迫切需要解决的问题：一是人力资源市场分别依据原人事部、劳动保障部的规章进行管理，不利于统一的人力资源市场建设；二是政府对人力资源市场的培育责任不明确、有效措施不多，人力资源市场发育水平较低；三是开展人力资源服务的许可过多，进入市场的门槛较高，不利于进一步释放市场活力；四是人力资源市场事中事后监管跟不上“放管服”改革要求，存在“黑中介”、虚假招聘等侵害单位和个人合法权益的现象，亟须通过制定《条例》规范管理。

为了贯彻落实党中央、国务院关于人力资源市场建设的重大决策部署，更好服务于就业创业和高质量发展，实施就业优先战略和人才强国战略，人力资源社会保障部在认真调查研究、总结实践经验的基础上，起草了《条例》草案送审稿，向社会公开征求了意见，于2016年9月报请国务院审议。原国务院法制办收到送审稿后，先后两次征求中央有关单位、地方人民政府和部分行业协会的意见，赴地方进行调研，召开企业座谈会和专家论证会，会同人力资源社会保障部对送审稿进行反复研究、修改，形成了《条例》草案。2018年全国“两会”后，司法部会同人力资源社会保障部，对《条例》草案作了进一步修改完善。2018年5月2日，国务院常务会议审议通过《条例》草案，2018年6月29日，国务院正式公布《条例》。

二、制定《条例》的总体思路是什么？

答：《条例》在制定思路上主要把握了以下几点：一是充分发挥市场在人力资源配置中的决定性作用，按照建立统一开放、竞争有序的人力资源市场要求，巩固人才市场与劳动力市场整合的改革成果，对公共人力资源服务机构和经营性人力资源服务机构进行统一规范；二是更好发挥政府作用，强化政府的人力资源市场培育职责，明确市场活动规范，综合运用信息公示、随机抽查、国家标准、行业自律等监管手段，确保市场活力与秩序；三是落实“放管服”改革要求，按照就业促进法的规定，将职业中介活动明确界定为行政许可事项，对其他人力资源服务项目实行备案管理；四是细化就业促进法及有关法律的规定，进一步增强制度的可操作性，对上位法已有规定的内容，《条例》不再规定。

三、《条例》对强化政府的人力资源市场培育职责，作了哪些规定？

答：为了更好发挥政府作用，促进人力资源合理流动，《条例》规定：一是国家建立政府宏观调控、市场公平竞争、单位自主用人、个人自主择业、人力资源服务机构诚信服务的人力资源流动配置机制；二是县级以上人民政府将人力资源市场建设纳入国民经济和社会发展规划，运用区域、产业、土地等政策，推进人力资源市场建设，发展专业性、行业性人力资源市场，鼓励并规范高端人力资源服务等业态发展，建立覆盖城乡和各行业的人力资源市场供求信息系统，为求职、招聘提供服务；三是引导和促进人力资源在机关、企业、事业单位、社会组织之间以及不同地区之间合理流动，任何地方和单位不得违反国家规定设置限制流动的条件；四是鼓励开展平等互利的人力资源国际合作与交流，开发利用国际国内人力资源。

四、《条例》对落实“放管服”改革要求，有哪些亮点？

答：为了深入推进人力资源服务领域的简政放权、

放管结合、优化服务，《条例》规定：一是公共人力资源服务机构应当免费提供信息发布、职业介绍、职业指导、政策法规咨询等服务；二是对经营性人力资源服务机构，根据其所从事的业务规定了不同的管理措施：从事职业中介活动的，应当取得人力资源服务许可证；开展信息的收集和发布、就业和创业指导、人力资源管理咨询、人力资源测评、人力资源培训、承接人力资源服务外包等服务的，只需向人力资源社会保障行政部门备案；三是经营性人力资源服务机构设立分支机构，变更名称、住所、法定代表人或者终止经营活动的，应当书面报告人力资源社会保障行政部门；四是人力资源社会保障行政部门应当自收到经营性人力资源服务机构从事职业中介活动的申请之日起20日内依法作出行政许可决定，并及时向社会公布取得行政许可或者经过备案的经营性人力资源服务机构名单及其变更、延续等情况。

五、《条例》对人力资源市场主体的权利义务和行为要求，作了哪些规定？

答：为了促进市场主体诚信守法，维护市场主体合法权益，《条例》规定：一是个人应当诚实求职，用人单位应当依法如实发布或者提供招聘信息、依法与劳动者订立劳动合同并按规定办理社会保险等相关手续，人力资源应当依法流动；二是人力资源服务机构接受委托招聘人员或者开展其他人力资源服务，不得采取欺诈、暴力、胁迫或者其他不正当手段，不得介绍单位或者个人从事违法活动；三是人力资源服务机构举办现场招聘会、开展人力资源供求信息的收集和发布、提供人力资源服务外包、通过互联网提供人力资源服务，应当遵守相应的活动准则；四是经营性人力资源服务机构应当在服务场所明示营业执照、收费标准、人力资源服务许可证等事项；五是人力资源服务机构有违法开展业务等行为的，应当依法承担法律责任。

六、《条例》对加强人力资源市场的监督管理，有哪些具体措施？

答：为了维护市场秩序，强化事中事后监管，《条例》规定：一是人力资源社会保障行政部门可以采取进入被检查单位等监督检查措施；二是监督检查采取“双随机、一公开”的方式，行政处罚、监督检查结果通过国家企业信用信息公示系统或者其他系统向社会公示；三是经营性人力资源服务机构应当依法提交经营情况年度报告；通过信息共享可以获取的信息，人力资源社会保障行政部门不得要求其重复提供；四是加强人力资源市场诚信建设，建立守信激励和失信惩戒机制，实施信用分类监管；五是人力资源服务机构应当依照规定建立党的组织并开展活动，加强对流动党员的教育监督和管理服务；六是公安机关应当依法查处人力资源市场的违法犯罪行为，人力资源社会保障行政部门予以配合；七是国家加强人力资源服务标准化建设，充分发挥人力资源服务行业协会的行业自律作用。